LOS INCREIBLES JUEGOS OLÍMPICOS DE VERANO

LUCHA LIBRE

POR MARI BOLTE

CREATIVE EDUCATION • CREATIVE PAPERBACKS

Publicado por Creative Education
y Creative Paperbacks
P.O. Box 227, Mankato, Minnesota 56002
Creative Education y Creative Paperbacks
son marcas editoriales de The Creative Company
www.thecreativecompany.us

Diseño de The Design Lab
Producción de Alison Derry
Dirección de arte de Tom Morgan
Editado de Alissa Thielges
Traducción de TRAVOD, www.travod.com

Fotografías de Alamy (Aflo Co. Ltd.), Associated Press (KYDPL KYODO), Getty (Kyodo News, Maddie Meyer, Marwan Naamani, Robb Carr, Tom Pennington, Topical Press Agency, VCG, Xinhua News Agency), Shutterstock (Ahturner, Miceking, RITCHIE B TONGO/EPA-EFE), Wikimedia Commons (Sharon Molerus)

Library of Congress Cataloging-in-Publication Data
Names: Bolte, Mari, author.
Title: Lucha libre / by Mari Bolte.
Description: Mankato, Minnesota: Creative Education and Creative Paperbacks, [2024] | Series: Los increíbles Juegos Olímpicos de verano | Includes index. | Audience: Ages 6–9 years | Audience: Grades 2–3 | Summary: "Celebrate the Summer Olympic Games with this elementary-level introduction to the combat sport of wrestling, both freestyle and Greco-Roman events. Includes biographical facts about American freestyle medalist Jordan Burroughs. Translated in North American Spanish" —Provided by publisher.
Identifiers: LCCN 2023015799 (print) | LCCN 2023015800 (ebook) | ISBN 9781640269347 (library binding) | ISBN 9781682774847 (paperback) | ISBN 9781640269989 (pdf)
Subjects: LCSH: Wrestling—Juvenile literature. | Wrestlers—Juvenile literature. | Lucha libre—Juvenile literature. | Summer Olympics—Juvenile literature.
Classification: LCC GV1195.3 .B618 2024 (print) | LCC GV1195.3 (ebook) | DDC 796.812—dc23/eng/20230407

Impreso en China

Tabla de contenidos

La lucha es el deporte más antiguo del mundo del que se tiene conocimiento. En la antigüedad, los luchadores olímpicos eran considerados héroes. La lucha formó parte de los primeros Juegos Olímpicos de la era moderna, en 1896.

El húngaro Richard Weisz (al centro) ganó el oro en lucha en los Juegos Olímpicos de 1908.

OMEGA
0 4:30 6
NIKE

En la lucha libre se permite sujetar al contrincante con cualquier parte del cuerpo.

La lucha olímpica tiene dos eventos: lucha grecorromana y lucha libre. Los luchadores grecorromanos solo usan la parte superior del cuerpo para **inmovilizar** a su contrincante. Está prohibido usar el resto del cuerpo. Los luchadores de estilo libre usan todo el cuerpo, incluye las piernas.

inmovilizar mantener la espalda o los hombros del contrincante contra el tapiz durante tres segundos

Solo los hombres podían competir en los eventos de lucha en los Juegos Olímpicos. La lucha grecorromana sigue siendo una disciplina solo para hombres. En 2004, se agregó la lucha libre femenina. El primer evento se llevó a cabo en los Juegos Olímpicos de Verano en Atenas. La ucraniana Irini Merleni fue la primera mujer en ganar una medalla de oro en lucha.

La japonesa Kaori Icho (de rojo) ganó medallas de oro en cuatro Juegos Olímpicos de Verano consecutivos.

USA

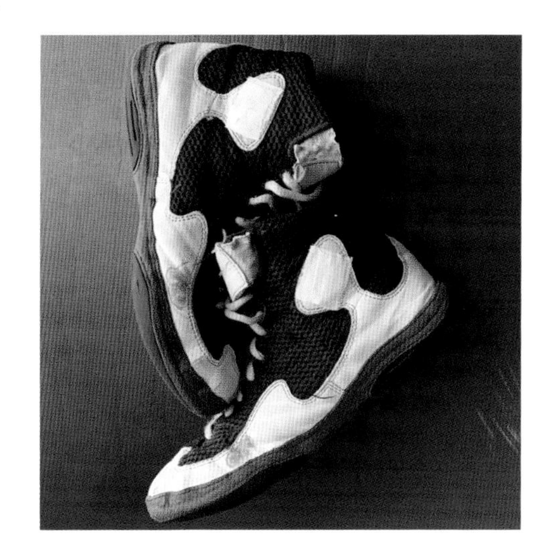

Los zapatos de lucha se sujetan a la colchoneta y ayudan a dar apoyo a los tobillos.

Los luchadores usan trajes elásticos de una pieza llamados mallas. Son ajustadas. Las mallas les permiten a los jueces ver cuando una persona toca la colchoneta. También hacen que sea más difícil para los luchadores sujetar la ropa de su contrincante.

Las mallas olímpicas son rojas o azules para ayudar a diferenciar a los luchadores.

Los luchadores se esfuerzan mucho por ganar puntos con sus movimientos contra el adversario.

Los luchadores compiten sobre una colchoneta. La zona de lucha es un círculo de 23 pies (7 metros). Los luchadores no pueden entrar en la **zona de pasividad**. Si lo hacen, el árbitro hará sonar el silbato. Entonces, los luchadores deberán volver al centro de la colchoneta.

zona de pasividad la línea gruesa al borde de la zona de lucha

Mensah Stock
USA
TOKYO 2020

Japan
Japan

Después de alcanzar el peso requerido, se da luz verde a los luchadores para competir.

Los luchadores se agrupan según el peso. Cada evento olímpico tiene seis **categorías de peso**. Los atletas se suben a la báscula el día antes de los combates. Es importante llegar al peso exacto. Los luchadores tienen 30 minutos para alcanzar el peso exacto.

categorías de peso división de la competencia que enfrenta a los competidores de tamaño similar

Los árbitros deciden quién recibe puntos después de cada ronda.

Los luchadores se enfrentan a dos rondas. Cada ronda puede durar hasta tres minutos. Ambos luchadores comienzan de pie. Están uno frente al otro, a 3 pies (1 m) de distancia. Se ganan puntos por inmovilizar al contrincante. Los luchadores también ganan puntos por **agarres** y **escapes**.

agarre movimientos usados para controlar el cuerpo del contrincante

escape cuando un luchador escapa del control de su contrincante

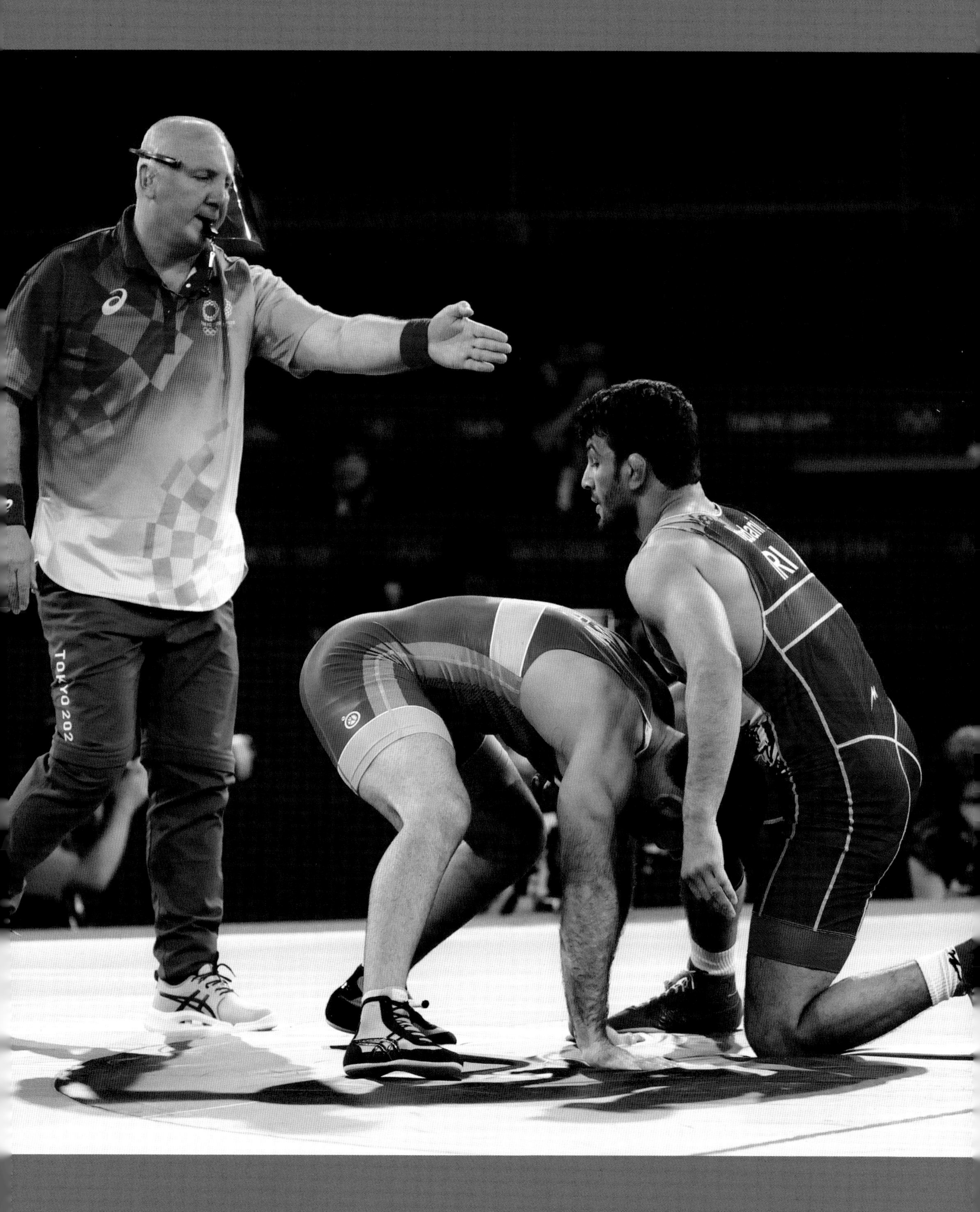

JPN

La japonesa Yui Susaki ganó el oro en la lucha libre femenina de 50 kg en Tokio 2020.

Hay cuatro formas de ganar. Una inmovilización pone fin al combate. Si primero se acaba el tiempo, gana el luchador con más puntos. En el estilo libre se gana con una ventaja de 10 puntos. En la lucha grecorromana se gana con una ventaja de 8 puntos. Un luchador puede ser **descalificado** por usar agarres que están prohibidos.

descalificar prohibirle competir a alguien

Los luchadores son rápidos y fuertes. Tienen un gran control sobre su cuerpo. Usan su fuerza para inmovilizar a sus contrincantes contra la colchoneta. No te pierdas a estos atletas en los próximos Juegos Olímpicos de Verano.

La nigeriana Blessing Oborududu celebra haber ganado la medalla de plata en Tokio 2020.

NIGERIA

Competidores destacados: Jordan Burroughs

Jordan Burroughs es un luchador estadounidense de lucha libre. Es el primer luchador estadounidense en ganar siete medallas de oro mundiales. Una de ellas la ganó en los Juegos Olímpicos de Londres 2012. Su movimiento emblemático es el derribo a dos piernas. Abraza las piernas de su contrincante y lo hace caer a la colchoneta. Burroughs planea retirarse después de los Juegos Olímpicos de París 2024.

UNITED STATES
OLYMPIC TEAM

Índice